善本社

ユニーク帯で着物を楽しむ

容子さんの改造帯

手塚 容子

はじめに

日本の歴史を考えてみますと、旧石器時代（一万数千年前）から始まって、縄文時代、弥生時代、大和時代（古墳時代）、飛鳥時代、奈良時代、平安時代、鎌倉時代、南北朝時代、室町時代、戦国時代、安土桃山時代、江戸時代、そして明治、大正、昭和、平成、令和の現代に至っています。

三世紀ごろ、日本は弥生時代を迎えます。そのころの中国は秦《しん》、漢《かん》でした。

漢の歴史書には「倭人《わじん》（日本人）が百の小国を作っている」との記録があります。また「魏志倭人伝《ぎしわじんでん》」には貫頭衣《かんとうい》を着た倭人、一枚の布に頭を通す穴を開けた衣が書かれています。また「倭国はもともと男性が王となっていたが、国内は乱れて攻め合いが何年も続いた。そこで合議して、一人の女性を選んで王とし、この女王を卑弥呼とよんだ。（略）」との記録がありました。

この時代から、動物の毛皮でなく、布で織る技術を備えていたことに驚きました。

なお弥生時代の発掘品から推測された卑弥呼の衣装（京都風俗博物館蔵）は古代巫女の袴の装束も布でした。京都風俗博物館は、ミニチュアの人形が歴史を追って衣服をまとった姿を忠実に再現してあります。また着物の衣装が数多く展示されています。

平安時代には貴族の結婚衣装が宮廷を中心に女性文化が開花します。歴代の天皇陛下をはじめ、令和の「即位礼正殿の儀」で天皇陛下、皇后陛下がお召しになった両陛下の衣装です。平安時代の衣装を再現したものです。

日本の衣服の歴史を見ると、明治時代まで着物を着ており長い間着物での生活をしてきました。

着物は時代によっていろいろあるようです。小袖のように仕事がしやすい着物もありますが、豪華に裾を引きずっていたとき（宮中での場面）や、男性も袴を引きずる長袴。

遠山の金さんで有名な片袖を脱いで「この桜吹雪が目に入らぬか・・・」の有名なシーンでは長袴を履いていたのを思い出す方もいるでしょう。

現代でも、卒業式に袴、成人式や結婚式、お正月、初宮、七五三など和服は人気があります。和装で結婚式を挙げる外国人もいます。

何人もの神社の宮司さんやお寺の和尚さんに聞きましたら、おごそかな姿で感激しているそうです。

京都では、プロの着付け師が舞妓さん風の着付けをしてくれて、写真を残すことがはやりだそうです。

レンタルで外国人が数時間着物を着て、町を歩くのがはやっています。出張で京都に行くと朝でも昼でも夜でも必ず見かけます。

皆さんが帯締めを修得し、着物をもっと気軽に着る人が増えたらとてもうれしく思います。

著者

目次

着物での楽しい外出先を考えましょう

着物はどこに着て行くか自由です。仕事着背広と違って、安寧で平和なときの衣服です。以前、国会議員の先生方がお正月開けの初登院にみんなで着物を着て行ったおめでたいニュースが流れました。お正月の東証の新年の発会式には、和服の女性が登場します。

私も正月は着物で出勤し年始のあいさつ回りをします。

お祭りでも、ハッピ姿や浴衣を着れば何倍も雰囲気が楽しめます。洋服で行くより風情があり、粋で、格好いいのです。ですから最近はお正月に着物を着たり、お祭りに外国人も浴衣を着て、背中にうちわを差した人も見かけます。

着物を着る人が少なくなるのはさみしいことですし、日本人はもっと和服を楽しむべきです。そして着物の良さ、世界遺産になった和食など、四季折々の日本文化の良さとともに、着物を着て、外国の方にも子どもたちにも伝えるべきです。

お正月は神社かお寺に初詣。いろいろなお店で、琴の曲が流れているので和服はぴったりです。

いつも講演会を和服で拝聴している男性もいます。僧侶はいつも着物か、作務衣です。山登り、運動会のような特別な場所でなければどこへでも着て行けるのが着物です。剣道では袴をはいていますし、昔の武士は着物で刀さばきができて乗馬もしたのですから、私たちが想像できないほど動けたのでしょう。現代人は着慣れていないのです。

学校の被服科では、和服の縫い方を教えてくれます。それと同時に和服の着方も教えるのは当然です。

読書尚友音読会・神保町アートスペース蔵にて・著者左

お正月・明治神宮にて

読書尚友音読会・学士会館にて

夏祭り

お祭りのあとのお食事会

「靖国打ち水週間」
打ち水の後消化訓練

大人の体型に近い高校生の授業で、男子も女子も浴衣の着方を授業に取り入れると良いと思っています。教えてもらう機会があれば、その後気軽に着る人が増えるのですから……。

私は二〇〇六年から毎年「読書尚友音読会」を開いています。音読会では必ず和服を着ます。和服のほうが特別な雰囲気が作りやすいのです。

和服はお芝居、クラス会、夏祭りにも着てお出かけできます。お宮参り、七五三、入学式、卒業式、結婚式、成人式、食事会、コンサート、歌舞伎、能、狂言、催しの見学にも着られます。さらに喪服は故人や家族に礼を尽くした装いです。

娘が七歳の七五三のとき、私と娘は和服でした。

我が家は夏祭りに家族中で気軽に浴衣を着ます。主人も、私も、息子も、娘も、孫も、そろって浴衣でお祭りに行きその後に食事をする習慣が、もう何年も続いています。

工夫してチョットしたお出かけに、和服を着るととても楽しいですよ。

着付けの前に用意するもの／男性・女性

着物を着る前に、まずは小物を用意します。

最初は簡単に着ることができる浴衣から説明します。女性は浴衣の下に下着を着てから、肌着、浴衣を着ます。男性はシャツとステテコを着てから、浴衣を着ます。

着物では足袋を履きますが、浴衣の場合は男性も女性も素足で下駄《げた》を履きます。下駄はすぐ履けるよう玄関に用意して置きましょう。男性は雪駄《せった》でも構いません。

まず小物の準備説明をします。近くに浴衣、紐《ひも》2本、帯、男性用の小物を入れる袋を用意します。

春、秋、冬でしたら着物、長襦袢、シャツ、ももひき、紐（2本）、帯が必要です。

自分の全身が見える鏡の前に立って始めます。浴衣の背中心がまっすぐになるように着ます。左前になるように着付けます。和の文化では、右大臣より、左大臣のほうが位は高いことは、ご承知でしょう。ですから、必ず左前になるように着ます。

浴衣の右を押さえ、左右対称に左前を整えます。自分で背中心を整えて紐で止めてから、帯を締めます。

「容子さんの改造帯」で良い男

男性の帯は「貝の口」「片ばさみ」「神田結び」があります。

武士は江戸時代、公務以外の外出でも、刀を腰に差していました。刀が重くてもずり落ちない結び方が「片ばさみ」です。いま刀は所持しませんので、ほとんどの人は、「貝の口」をしています。「神田結び」はお祭りのときに結ぶ帯結びです。粋に御神輿を担ぐ人にはぴったりです。お祭りには「貝の口」も締められます。

「貝の口」は一番多く結ばれている帯結びです。結び方は拙著『肥満予防に帯結び』に載っていますのでご覧ください。

帯結びは着付けの先生や、実際に結ぶことができる人と何回も練習することをお勧めします。女性に比べ男性は着付けが簡単ですので、ぜひ挑戦してください。

作家や、棋士も売れっ子になると和服を着ます。ＮＨＫの紅白歌合戦のトリの人は和服が多いように思います。落語家も着物を着ます。日本人は和服が似合う民族ですし、人生に余裕のある人が和服を着るように思います。どんな洋服よりも和服は重みがあり素敵ですから・・・。

せっかく帯結びを覚えても帯を締める間隔が空きすぎて忘れてしまわれる方のために改造帯を作りました。普通に結ぶ帯と、簡単に使える改造帯の二種類を持って楽しむのが良いのではないでしょうか。

「容子さんの改造帯」は「貝の口」にできています。使った人に伺うと「そのまま紐で締めるだけなので、抵抗ありませんでした」「時間が経っても着崩れすることがなく、家に帰り、脱ぐまで大丈夫でした」「自分で締めた普通の帯だと着崩れしたとき直せませんが、この改造帯は良かったです」「実際に結ぶ帯結びは、練習しましたが、時間が経つと次のときには忘れています。これなら着る回数が増えます」

と嬉しい感想が返ってきたのです。著者の目的は気軽に着物を着ていただくために改造したわけですから、着る回数が増えたら嬉しく思います。

お正月や、お祭りの浴衣など、チャンスを見つ

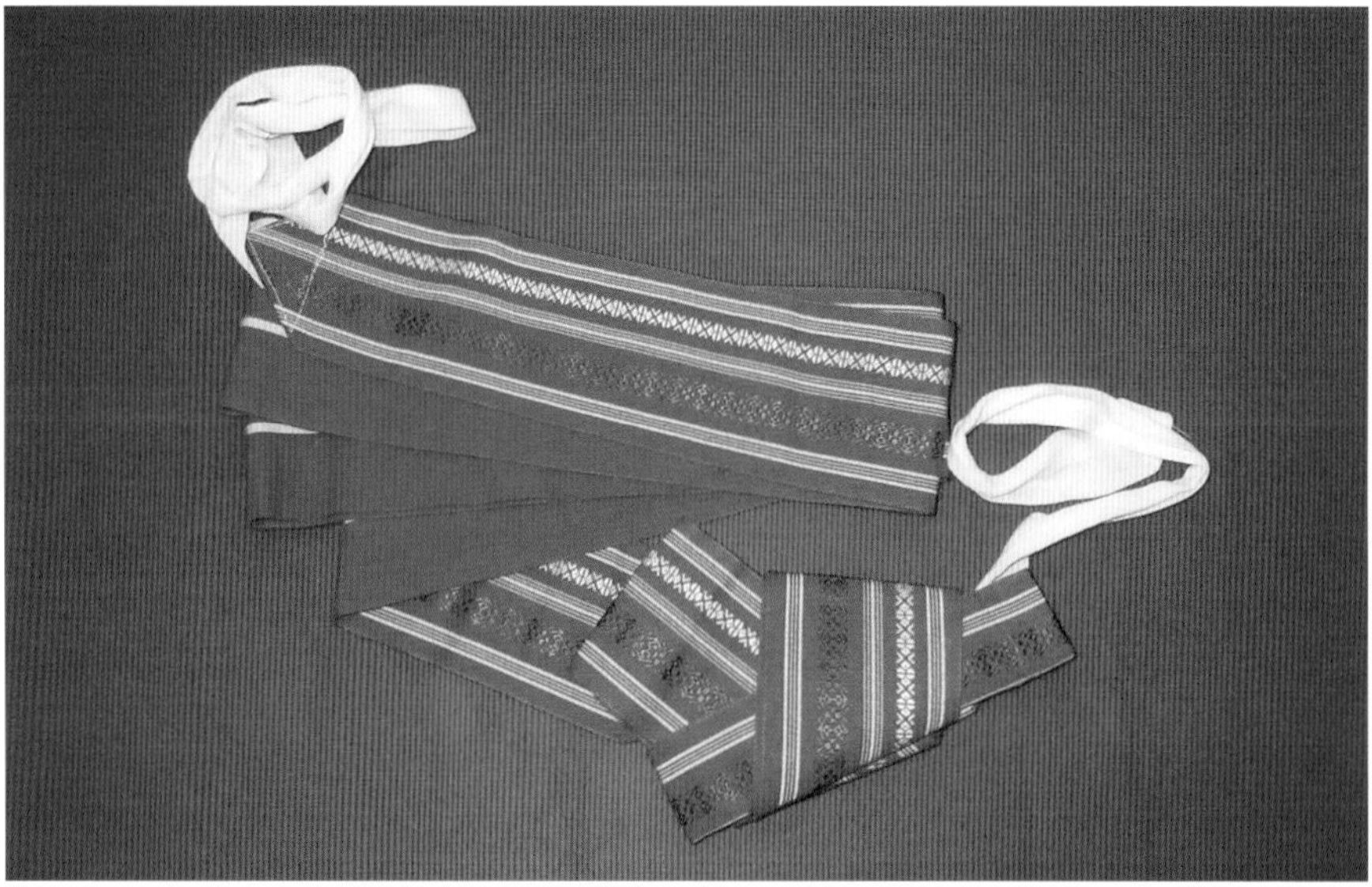

容子さんの改造帯・貝の口

け和服を着て楽しみ、着物で風情を味わってください。

改造帯はご自分でも大切に使い、息子さんや親戚の人、知人に譲っても喜ばれます。使用した後は良く風を通し、保管すれば孫の代までも使えるでしょう。

楽しい着物／女性

前に、男性の用意するものを述べましたが、ここでは女性が用意するものを紹介します。夏の場合、浴衣、浴衣の下に着る下着、肌着、紐（2本）、伊達締《だてじ》め（マジックベルトでも可）帯板、半幅帯、下駄《げた》、コーリンベルト（前がはだけないように留め使います）です。

春、秋、冬の着物では用意するものが違います。履物は着付ける前に玄関に揃えて置きます。小物を入れるバッグも用意して置きます。

用意するものは、着物、帯、半襟の付いた長襦袢（長襦袢に取り外しのできる和装襟でも可）、衿芯（差し込み式）、肌着、裾よけ、紐、伊達締めまたはマジックベルト、帯板です。

浴衣でも着物でも、女性と、男性の着付けで違うのは、衣紋《えもん》をつくることです。首と襟の間に握りこぶし一つ分の空きをとります。女性は襟足がきれいに見えるような着方をします。

女性も男性と同じ左前に着ます。裾丈を決め、腰骨の付近で紐を締めます。腰骨の辺りで締める理由は、食事をいただいた後も苦しくないからです。次に、みやつ口から手を入れて、胸元を整えます。コーリンベルトで右襟下部分を留め、背中に回し左襟下部分を留めます。

胸元を整えたら、胸紐を締めます。バストの下で帯に隠れるように、着崩れしないように紐を締めます。手を後ろに回し背中心をずらさないように気をつけ、しわが出ないように整えます。

浴衣に締める涼しげな帯結びです。女性は半幅帯の文庫結び、貝の口、片流し、やの字結びなどいろいろあります。

以前『肥満予防に帯結び』という本を書きましたが、その本の中で代表的な文庫結びが絵を添えて詳しく書きましたのでご覧ください。

着物の着こなし／女性

草履を玄関に揃えます。バッグの中身を確認し、着付けが終わったらすぐ手に取れるように用意して置きます。

まず足袋を履きます。こはぜは下から順番に留めます。裾よけ肌襦袢を着ます。ウエストが極端に細い人は、薄手のタオルをウエストに巻きます。仕上がったときの帯が折れてしまうからです。着物は洋服のように体に合った裁断をしていません。すべて直線縫いなので、体のラインがグラマーでなく、寸胴になるようにすると仕上がりがきれいになります。その意味でタオル補正は重要だと思います。

その上から、長襦袢を着ます。衣紋をきれいに抜きます。下前を、上前が交差するところは、顔の中心、喉の中心の下の位置に合わせます。衿、帯留め、帯揚げが、一直線に仕上がると美しい着付けになるからです。

長襦袢を紐で結びます。その上に着物を着ます。長襦袢で抜いた衣紋を重ねるように着ます。着物と長襦袢の衣紋がずれないように両方をピンチで留めます。洗濯バサミでも代用できます。

着物は長く裾がするようにできています。裾を、足袋の爪先すれすれの高さで位置を決めます。

腰紐を結ぶため、下前と上前を決め、紐を蝶結びにします。コーリンベルトでバストより低く、帯に隠れる位置で着物を留めます。背中に回して左前の同じ高さの所に残ったコーリンベルトのはしを留めます。みやつ口から手を入れて、おはしょりを整えます。着物の下から見える衿が、左と右が同じ幅になるように整えます。背中心で胸紐を交差させ、前で紐を結びます。おはしょりは長さが決まったら、だぶつきを左と右に寄せてスッキリさせます。伊達締めを締めます。背中の背中心は真っ直ぐに着られましたか？　帯から下の背中心はずれていても大丈夫です。

タンスの着物、帯について／女性

浴衣の帯結びと違い、春、秋、冬に着る着物は帯の結び方が違います。浴衣の代表的な結び方は『肥満予防に帯結び』で紹介させていただきました。

帯には、名古屋帯、袋帯があります。結婚式の母親は太鼓結びを締めます。和装は奥が深くまた素晴らしい柄がありますので、それを生かすような締め方があります。ここでは子どもの入学式、卒業式にも着られ、披露宴でも、一流レストランでも、カジュアルな時でも、お茶会でも締められるお太鼓結びを紹介します。

それぞれの場で着て行く着物は違いますが、黒留袖、色留袖、訪問着、色無地、付け下げ、小紋、江戸小紋、御召《おめし》、紬《つむぎ》、木綿、ウール、浴衣など目的に合った、帯を選びます。帯の締め方はお太鼓結びで間に合います。

お母様やおばあ様が着ていた着物をタンスにしまっておかないで、町に着て行って欲しいのです。その姿を見たら、きっと喜んでくださいます。

最近は洗える着物も売っていて、手入れがとても楽になりましたので、締めにくい帯を改造したら、さらに和服を楽しむ時間が多くなるでしょう。

改造帯が良いと言っているわけではありませんが、名古屋帯や袋帯を自分で結びたい人は着付け教室に通いマスターすることをお勧めします。一、二回では覚え切れませんので、何回も教えてもらってください。

私は時間があるときは、名古屋帯も結びます。皆さんも時間が十分あるときは、自分で着ることにチャレンジして欲しいと思います。時間が無いときや手が痛く上がらないとき、お年を召して帯が結べなくなったときは改造帯と使い分けてください。自分で上手に締められたときの満足感も味わっていただきたいからです。

「以前、着付け教室に通ったけれど長い間着ないので、手順を忘れてしまいました」という方はたくさんいると思います。やり続けないと忘れるぐらい着物は難しいのです。世界中の民族衣装で一番時間がかかるのは着物だそうです。季節を感じて柄があるので奥が深く、組み合わせが色々あり美しい、帯、帯締め、帯揚げの素敵な組み合わせを見つけたときの楽しいこと、人に会うと着た着物をめぐって会話が生まれます。本当に楽しみ方がたくさんあります。

自分は着物を着ていなくても、成人式などで着物を着た人を見るとそちらに目が行きます。そして、うっとりするでしょう。

特に男性は着物を着た女性が大好きです。レストランでもボーイさんに、良い席を案内をしていただけることもあるでしょう。女の人も着物を着た男性は大好きです。大いに着物を着て日本文化を発信しましょう。

後ろ姿・「太鼓結び」
右から３番目著書

七五三の年賀状・右後ろ著者

「容子さんの改造帯」でべっぴんさん

帯は普通の帯と改造帯の二種類持つことをお勧めします。

改造帯の作りかたを紹介しますので、ご自分で作ることができます。帯は袋帯でも名古屋帯でも作ることはできます。

ここに紹介した改造帯はカジュアルな帯から、訪問着に合わせる帯、喪服の帯まで、いろいろです。着方は簡単です。

着物の上から胴に巻き付けます。帯の重なる部分が背に来るようにします。

紐で結ぶタイプは紐を下の方で縛り、紐が出ないようにきちんと処理します。マジックテープで止める形

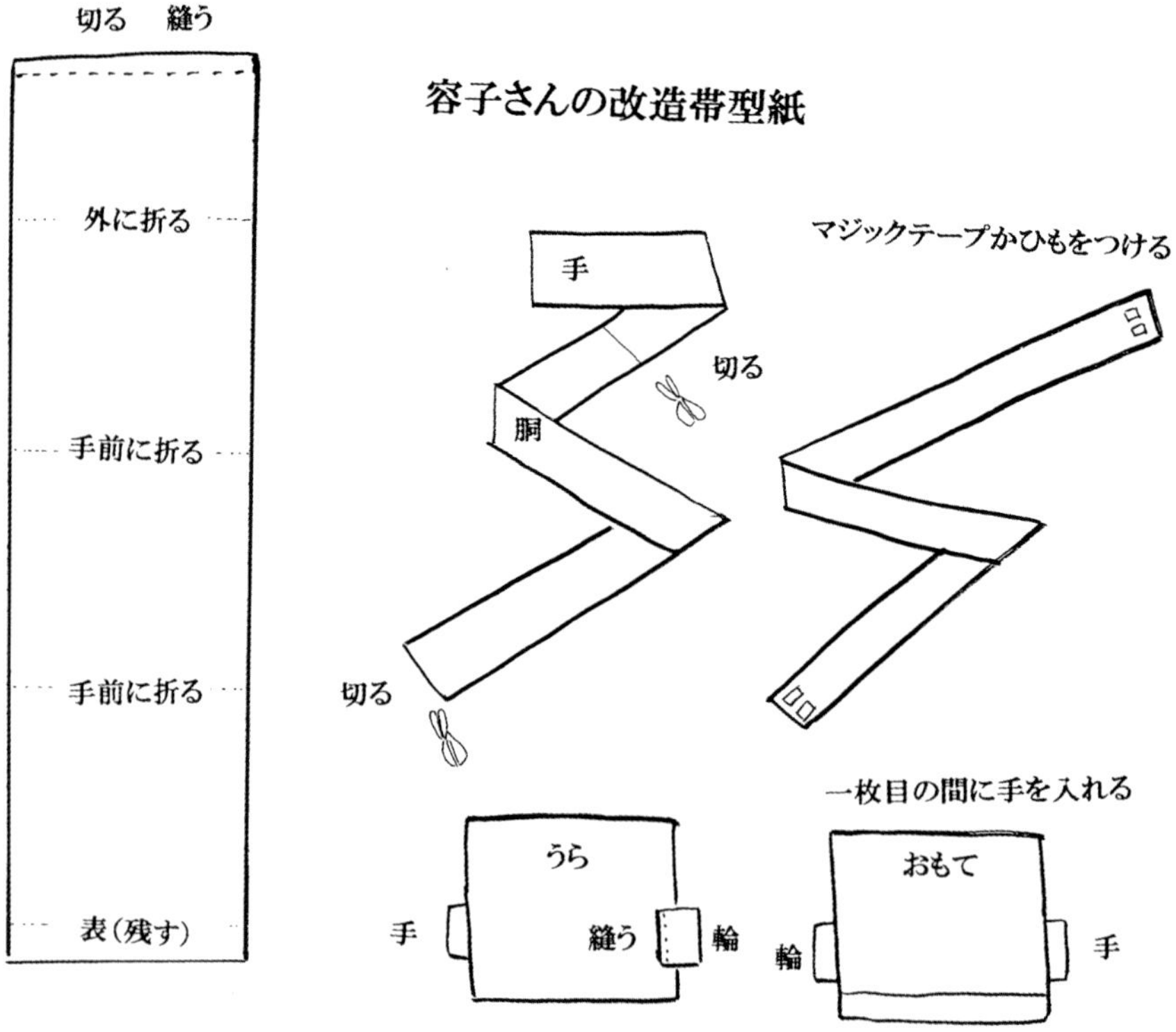

容子さんの改造帯型紙

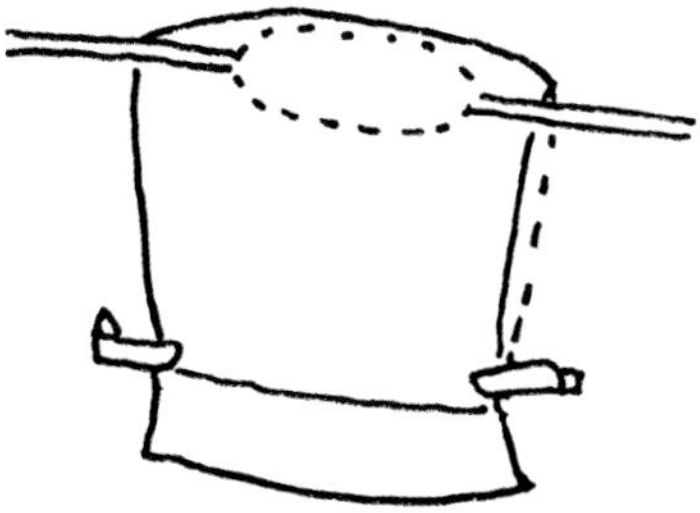

帯枕の付け方

容子さんの改造帯
（帯枕をいれる）

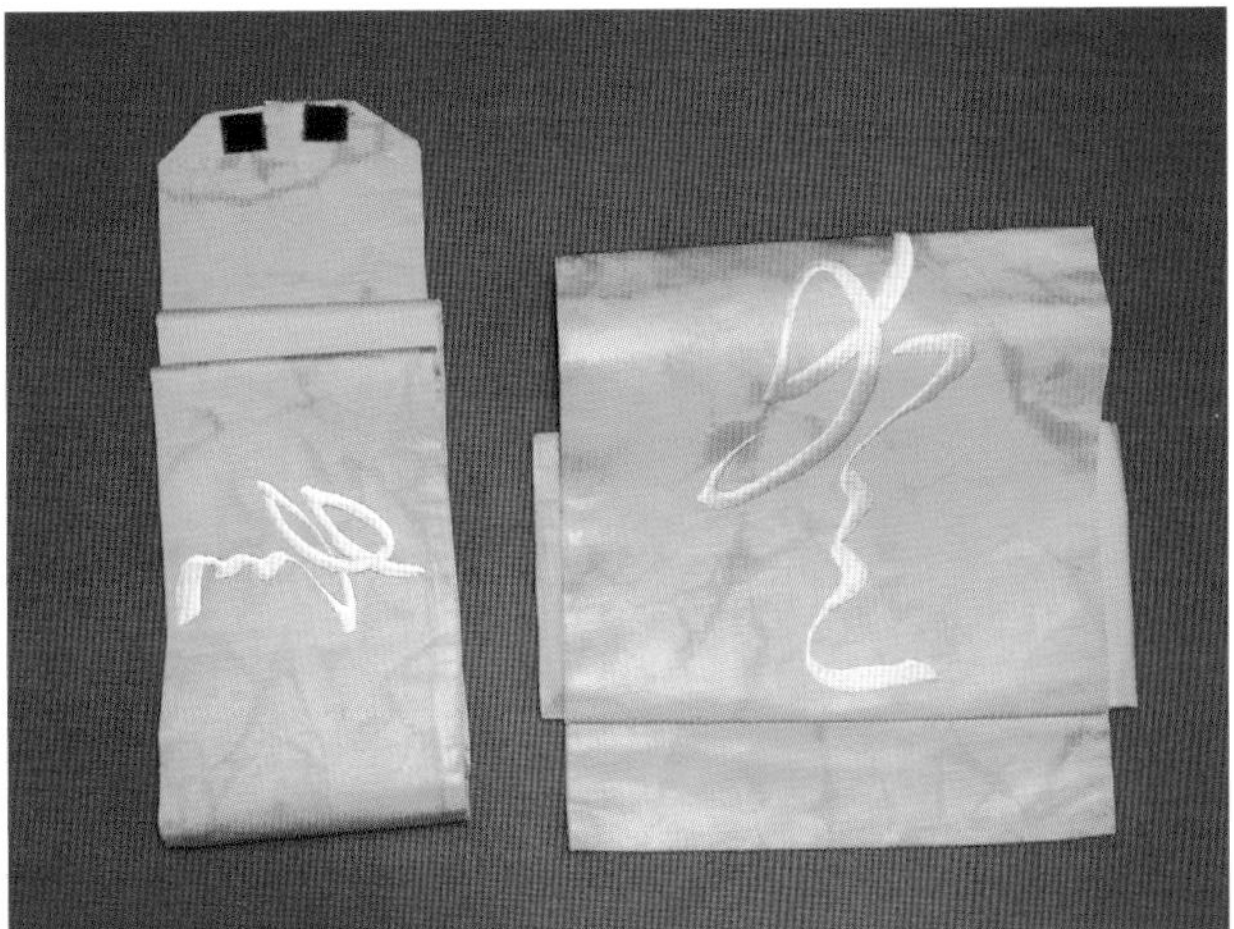

容子さんの改造帯（愛の刺繍）

のものも重なる部分が背に来るようにします。

帯枕を帯枕の平らな方が背中に来るようにします。帯揚げを巻いておきます。ピンチで形崩れしないように留めておきます。

帯を背中心に合うようにし、帯枕の紐を結びます。帯揚げも仮に結んでおきます。

色喪服・著者左

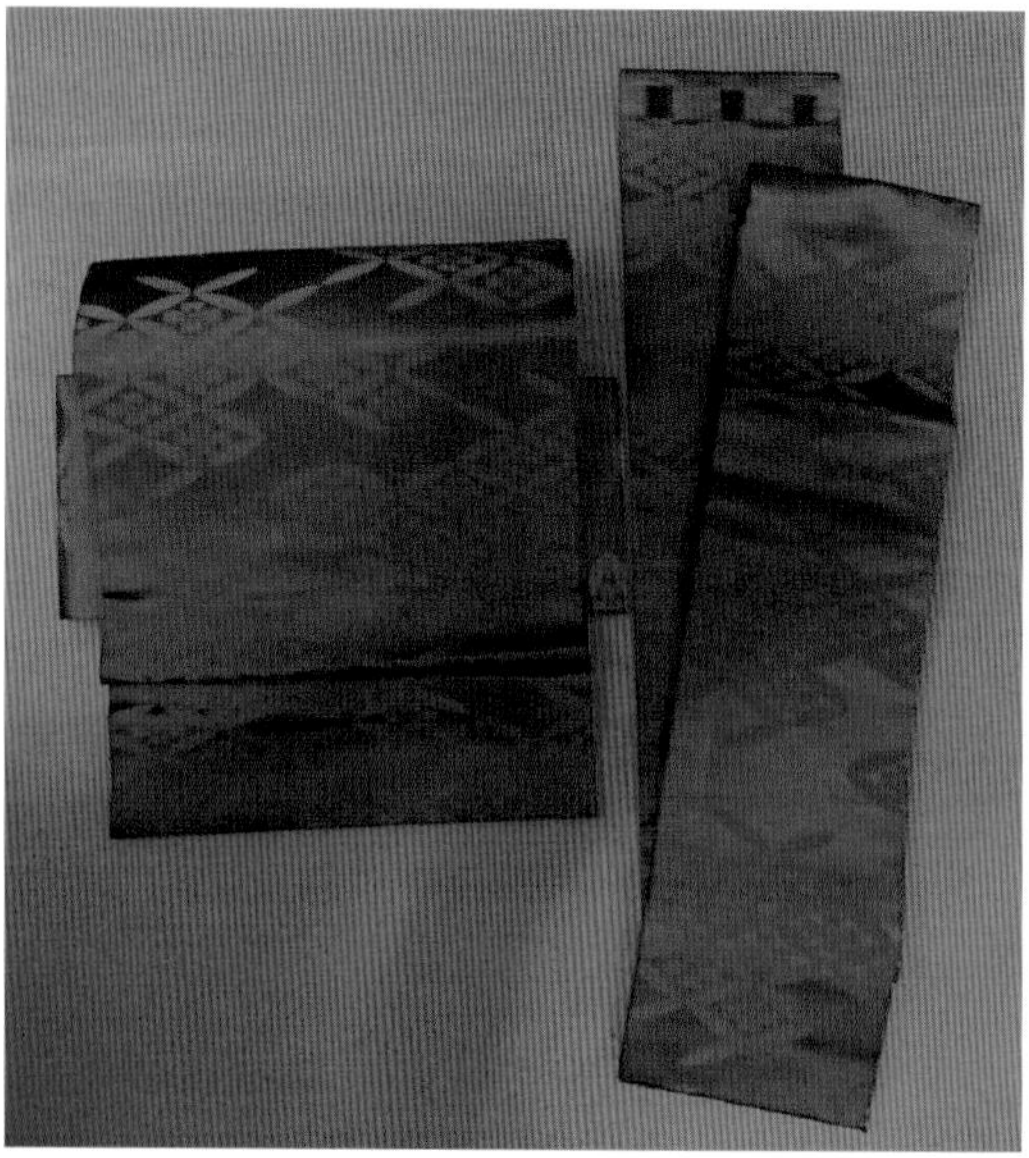

容子さんの改造帯（黒）

神保町ブックフェスティバルの看板前で

容子さんの改造帯（ひも）

孫の七五三・前列左が著者

容子さんの改造帯（ひも）

お茶席で・右から３番目著者

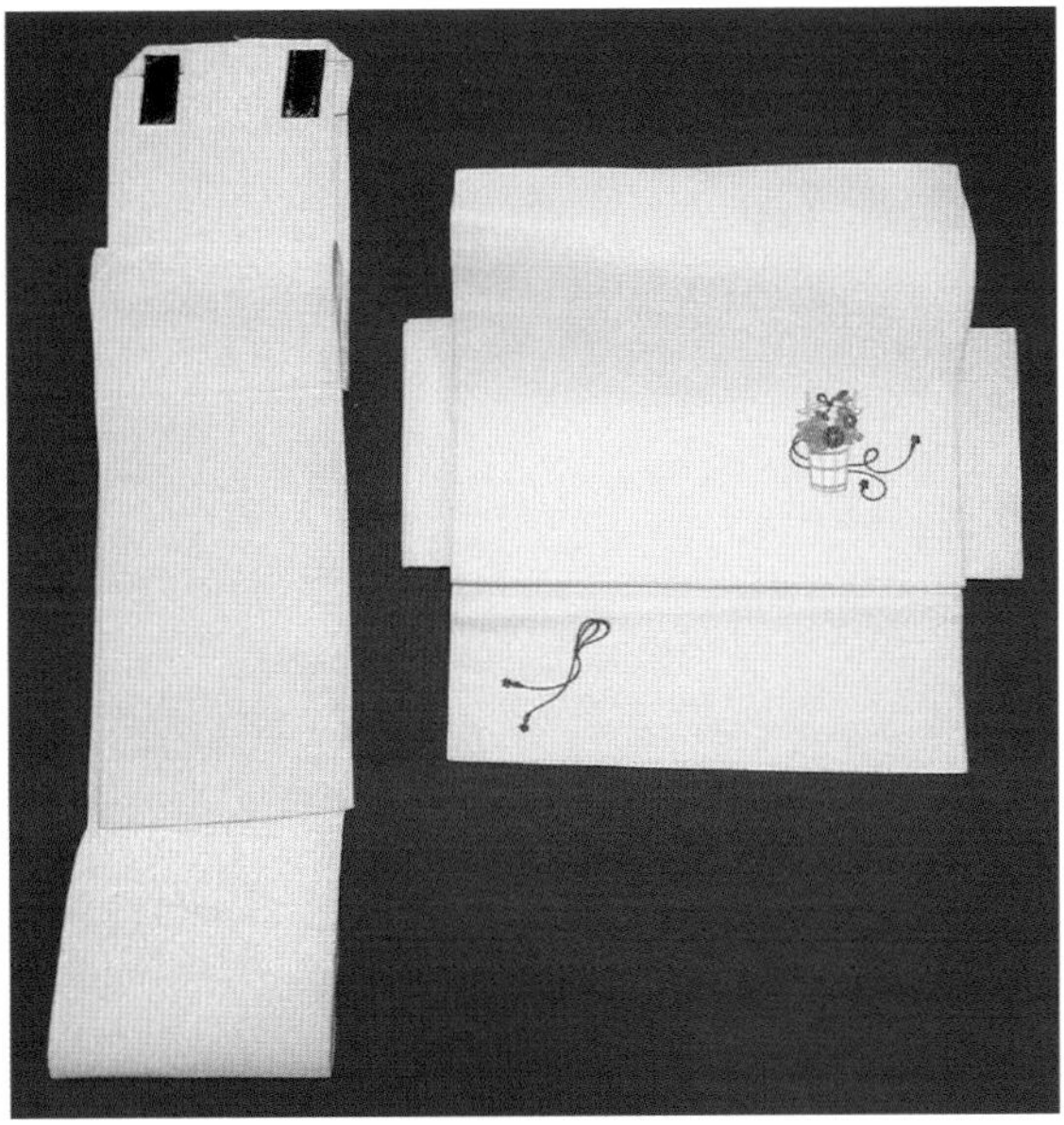

容子さんの改造帯・マジックテープ

帯締めの付け方／女性

次は、帯締めです。形を整え、帯締めを締めます。

帯は必ず鏡を見て、曲がっていないか確かめましょう。（合わせ鏡を使うと後ろが見えます）

帯締めの中心を、お太鼓の背中心に入れ、帯幅の中心の高さのところで、前に引くように手に持ちます。左前に一回結び、右に来た方を輪にして左にします。もう一方を下から上にした後、先ほど作った輪の中にくぐらせます。そのときに帯締めが裏返らないように気を付けます。

両端を平行に引っ張り、形を整えます。長い端の帯締めは下と重なるように丁寧に両脇にもってきて、上から、下にくぐらせ、房を上に向け挟みます。

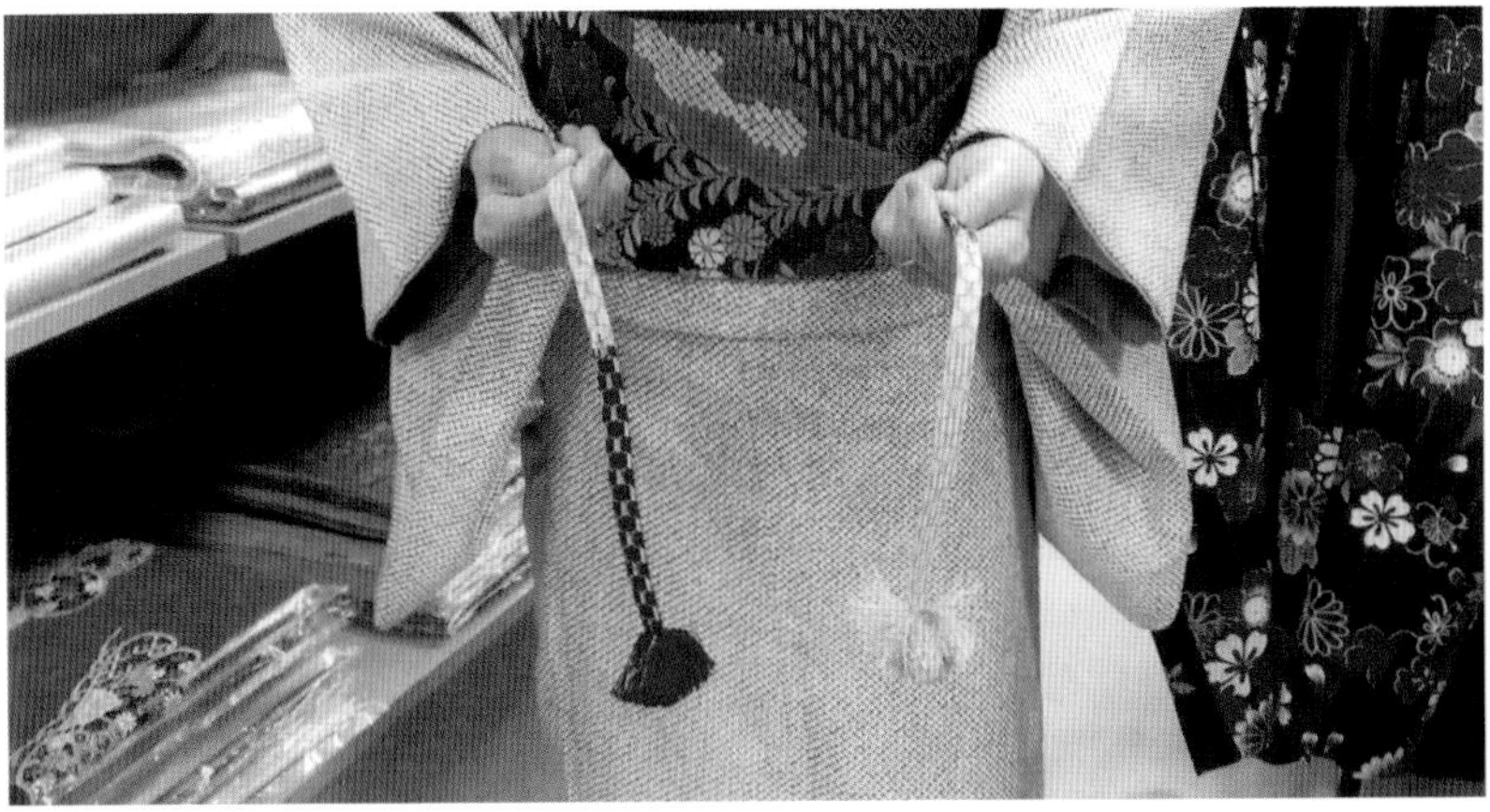

帯揚げの締め方／女性

帯枕の紐を帯の中に入れます。帯揚げは四つ折りにします。帯揚げの左を上にして結び、結び目で見えるところを整えて、帯と伊達締めの中に入れます。端は胴に巻くように整えます。固まらないように帯が美しく見えるように処理をします。

帯締めをきちんと締め、帯揚げを整えたらできあがりです。

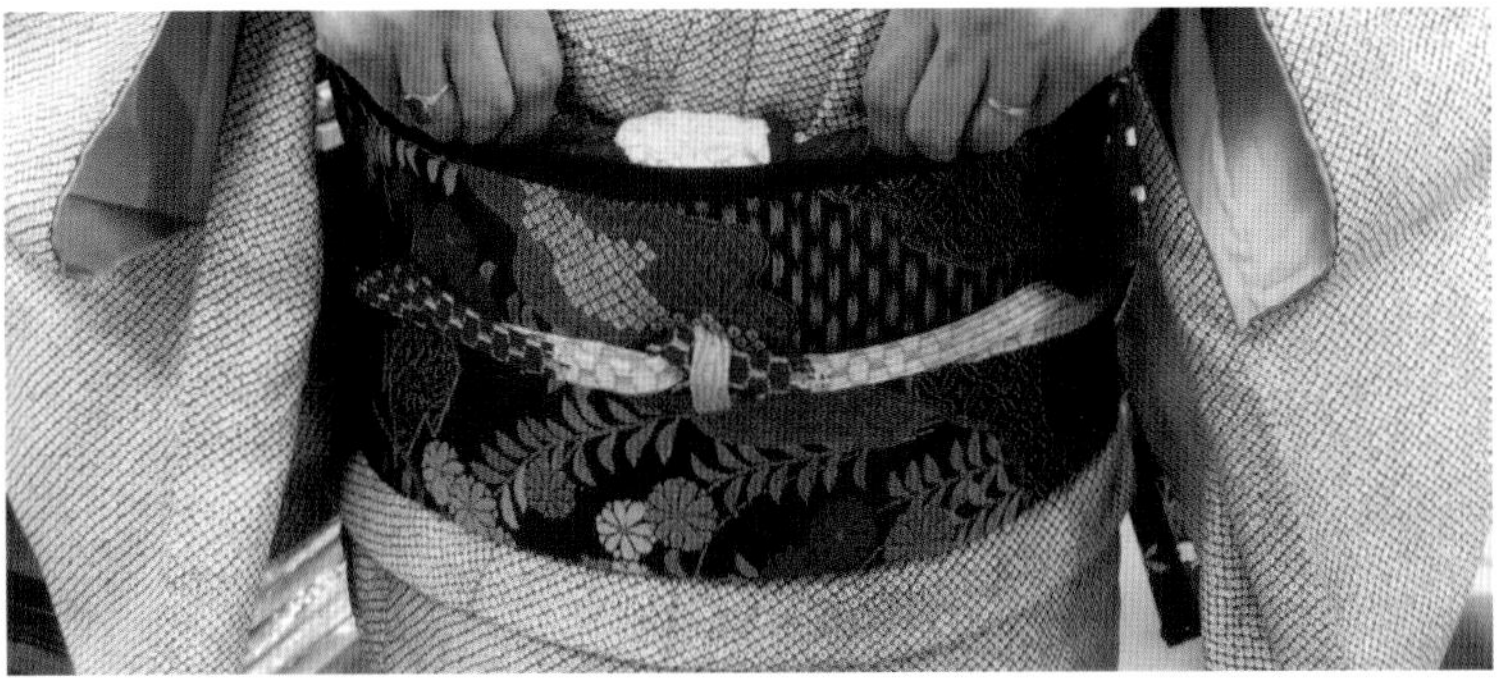

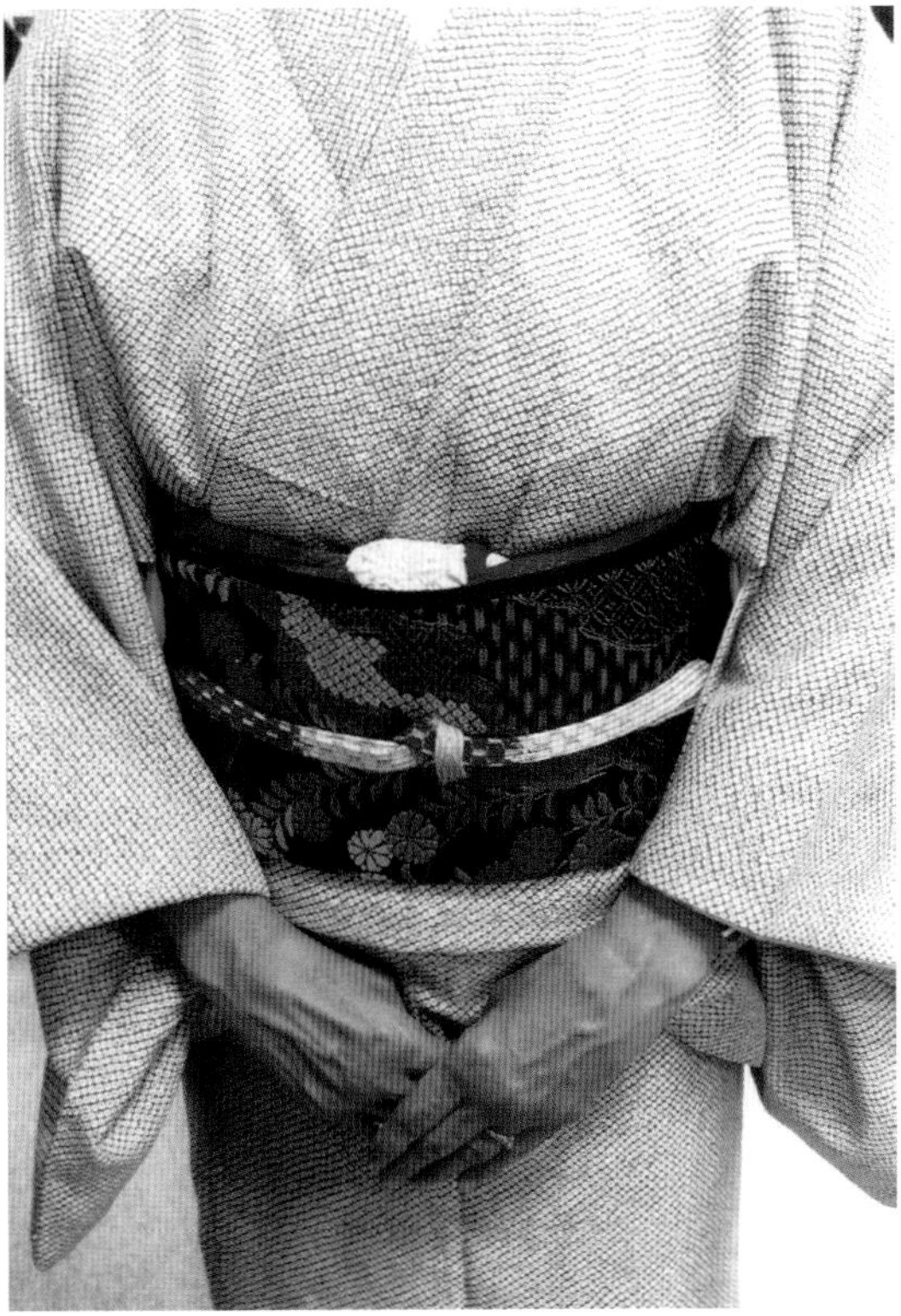

お出かけ中に気を付けること／男性・女性

和服は裾が長いのでエスカレーターなどに巻き込まれないように注意します。階段でも裾を踏まないようにしましょう。足袋が白ですので靴ズミが付かないように、混んだ電車は避けたいものです。

食事のときですが、汁ものに注意していただきます。ハンカチを膝に敷いたり、紙エプロンでこぼさないようにします。着物の会話も楽しんで楽しい外出にしてください。

長持ちさせる着物の手入れ／男性・女性

楽しかった外出から帰ってきたら、すぐハンガーに掛けます。着物は使い終わったら、汚れとほこりを落として、日蔭干しをします。長襦袢も帯も紐も必ず干してからしまいます。

汚れやすいのは襟、袖口、食べこぼしです。着物を着たときは汁ものに気をつけましょう。油性のシミと、水溶性のシミがありますが、付いたらすぐに吹き取り、広がらないようにします。ハンカチや、エプロンをしてから、食事をするのが良いと思います。

次に着物のほこりですが、たたいてほこりを払います。

長襦袢ですが、体に付く所は汗がついています。襟は皮脂が付いたり、ファンデーションが付いたら洗います。そのままにしまうと襟が黄ばんでしまい、次に着るときに清潔感がないからです。長襦袢の袖口、裾の汚れはベンジンで取れるくらいなら取りますが、汚れ具合によっては洗濯をお勧めします。乾かした後、しわになるようでしたら、アイロンをかけます。

紐、帯揚げ、帯締めですが、汚れがなければ日蔭干しにして十分干してからしまいます。

足袋ですが、履いたらすぐに石鹸水につけます。鼻緒に当る部分はブラシできれいに汚れを落とします。その後洗濯機に入れ洗います。干す前に形を整えてこはぜの反対側を洗濯バサミで止めて干します。黄ばむのを防ぐため漂白剤につけると白い足袋が保てます。足袋はアイロン掛けの手間を省くため濡れているときにしわを伸ばし、かかと、つまさきを引っ張り形を整えます。

履物は脱いだら、汚れをタオルやブラシで落とし、日蔭干しをしてからしまいます。そのまましまってしまうと、カビの原因になります。面倒くさいと思わずに、大切に長く使うために必要なことです。

私の母は武田氏の末裔でした。紋は花菱を付けていました。私と同じ出版社にいましたが、若いときは父親が呉服店を経営、戦後は名古屋で高級特別服を縫製していて松阪屋に卸していました。縫い子さんが全国から二十人ぐらい住み込みでいて、その人たちに洋服の縫い方を教えながら、デザインを考えていました。とてもおしゃれに敏感で、品のある流行を常に気にしている人でした。ですから、私は子どものころ、既製服を着たことがなく「今度の洋服の袖の形はどうするの、ウエストは……」と今思えば贅沢な洋服を着ていました。学校の制服も作ってくれましたので、体にフィットしていたのを覚えています。

その母はこんなことを言っていました。「どんなおしゃれをしても、しわの付いた服や和服では恰好がよくないでしょ。おしゃれは努力よ」「だから、洋服も着物も脱いだ後の手入れが大事なの。洗った後形崩れしないのが本物のおしゃれよ」「姿勢も仕草も気を付けてね」「洋服も着物も脱いだらハンガーにかけるのよ」

本当のおしゃれは一回限りのおしゃれでなく、洋服や着物へのいたわりの精神ではないでしょうか？

着物は自分で手に負えなかったら、クリーニングに出してください、ただし色が変わって戻ってくることもあるので、和装を扱うクリーニング店を勧めします。

しわにならない着物の畳み方／男性・女性

着物の基本的な畳み方を紹介します（着物・浴衣）。

男性は、着付けを妻や母にしてもらい、畳むのも洗うのも任せ切りで、自分が殿さまにでもなったような気分でふるまう時代もあったようですが、今は自分の身の回りのことや、育メンといって妻と一緒に子育てをするように、家事、育児をこなします。ですから、夫婦で出掛けてもどちらも着物を畳むことができ、大丈夫なようにしておきたいものです。

たとう紙を広げて着物をその上で畳みます。収納用のたとう紙は水分を吸いますので保管に最適、事前に用意してから始めます。大切な着物を汚さないよう畳みましょう。

襟を左にして全体を開くように置きます。

① 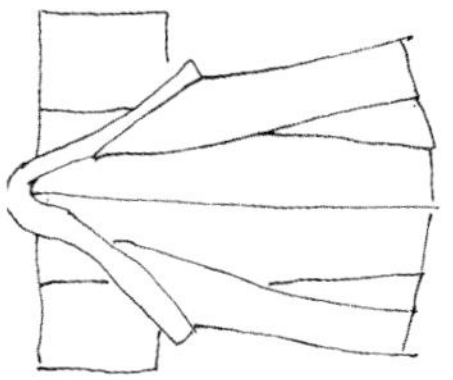 着物を開いて置く

② 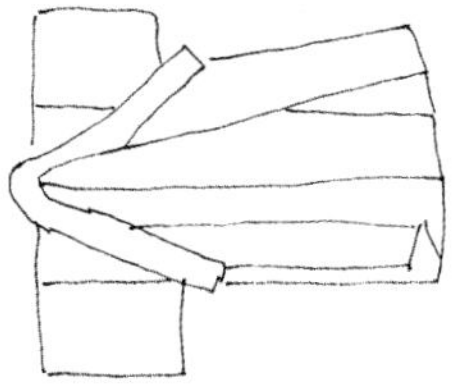 衽（おくみ）線を折り返す

③ 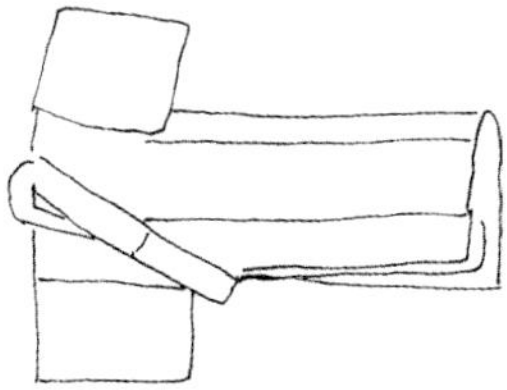 衽線に合わせ、上の衽線を重ねる

④ 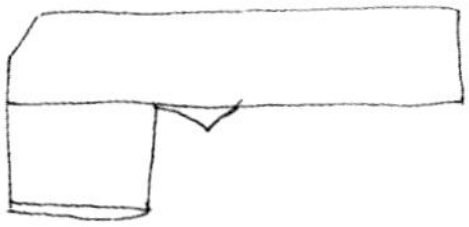 脇縫い線を重ね、開いた時の半分にする

⑤ 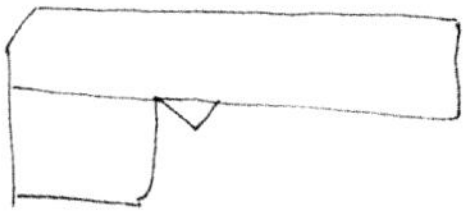 両袖を重ね合わせる

⑥ 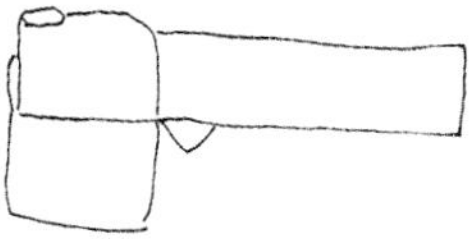 上の袖を見頃に乗せる

⑦ 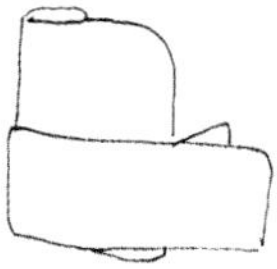 下半身をえりの方向へ２つ折りにする

⑧ 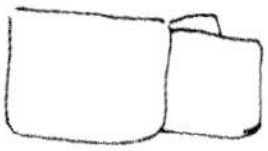 くるっと反対側にして袖を乗せる
(たとう紙か布で保管)

しわにならない着物のたたみ方／男性・女性

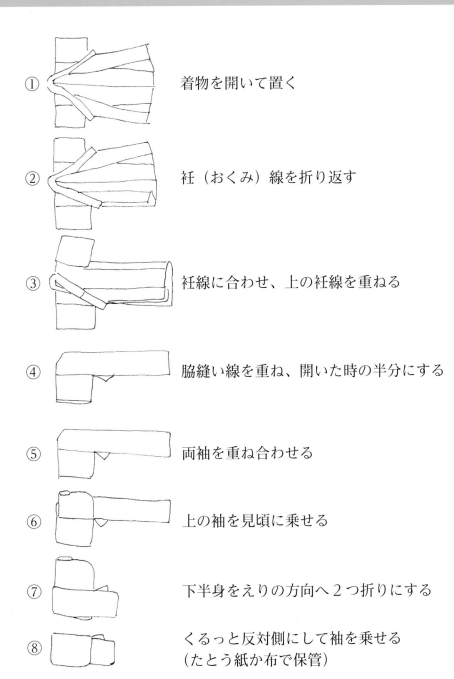

家宝を目指す収納の仕方／男性・女性

着物は着終わったら、次に着るときにしわが出ないように、また虫がついたりカビが生えないように手入れをした上で保管することが大切です。

収納場所は桐箱や桐のタンスに保管するのが一番です。桐は湿度に応じて膨張、収縮しますので、良い状態で保管できます。本は曝書《ばくしょ》と言って、虫干しをします。着物も天気の良い日に日陰干しをして風を通すと、長い期間楽しむことができます。

防虫剤は直接着物の布につけると、化学反応で変色の恐れがありますので離れたところに置きましょう。

ひいおばあさん、おばあさん、母親、子、孫と着物を受け継ぎ、「我が家の家宝の着物」にしましょう。そのためには、形見分けはだれにするかを決め、保管の仕方を伝授しましょう。

博物館に行くと、平安時代、江戸時代、明治時代にお召しになった高貴な方の着物が展示されていることがありますが、色といい、状態がとても良くて後世の私たちをを楽しませてくれています。

「我が家で代々楽しめる和服」を考えるのも楽しいことです。

私は孫にいつも、「大きくなったら、一緒に着物を着ようね、この着物あげるね」と言っています。すると孫も嬉しそうにうなずきます。小さいときから、和服に慣れるようにしようと思っています。

小さいころから和服を楽しむ

おわりに

最後まで読んでいただきありがとうございました。

私は着物を着るチャンスがあれば、なるべく着るようにしています。

皆様も和服をどこで着るか思いめぐらし、プランを立て実行してください。

この本を書いているとき、自分が着物が好きになった理由を思い出してみました。

子どものころ、祖母に日本舞踊を習い、盆踊りには浴衣を着せてもらいました。

中学になると、三味線を習いましたので、練習時は洋服でしたが、お正月とか発表会には着物を着て出ました。発表会では半日以上着物を着ていましたし、先輩の方に食事のとき気を付けることを教えていただきました。

子育てが終わったとき、着物の教室に通い始めました。結婚までは着せてもらうことがほとんどで、自分から覚える気持ちがないままでした。母は私が結婚するときに、三枚の改造帯を持たせてくれました。普段つける物、よそゆきにつける物、よそゆきの色違いでした。私はその帯で子どもの入学式や七五三、卒業式に和服で出席し成長を祝いました。

着物教室では、良い先生にめぐり合い、どのような席にこの着物が合うとか、着物の格によっては、そぐわない合わせ方があることを実際の着物や帯で学びました。季節によって着る着物と帯の関係など、知らないことをいろいろ教えていただき、「肥満予防に帯結び」の内容指導もしていただいたのです。

娘の結婚式に着た留袖はひよく襟がありましたが、その着付け、袴の着方、名古屋帯、袋帯、半幅帯、そして本格的な立ち振る舞いや礼の仕方も教えていただきました。

着付けを教えていただくとき、始まる前に「礼」をして、終わったら「礼」をします。日本文化は礼に始まり、礼に終わる文化です。

江戸時代、日本に外国人が来て、「日本人のお行儀の良さに驚いた」と言う話は読者の方もご承知でしょうが、和服での恥ずかしくない文化を大切にしたいものです。

手塚容子（てづかようこ）善本社代表取締役

１９５０年名古屋市生まれ。

１９７３年時事通信出版局出身の山本三四男（父）が株式会社善本社を創立。

１９７３年善本社に入社。営業、編集、自費出版部門を担当し出版の仕事を学ぶ。

宗教書、人生書、健康書、年史、絵本など幅広いジャンルの編集制作経験を持つ。

２００６年から「読書尚友音読会」を主宰している。

歌ＣＤ：「神保町の歌」「神保町で待ち合わせ」「神保町音頭」の作詞・作曲を行う。

主な著書：「出版する時したい時」「今、出版が面白い」（日本図書館協会選定図書）

「肥満予防に帯結び」「教育勅語 絵本」「歴史絵本 念法眞教燈主物語」「音読は頭がさえる！」

（いずれも善本社刊）

ユニーク帯で着物を楽しむ
—容子さんの改造帯—

著　者　手塚容子（てづか　ようこ）
カバー　村上正師（むらかみ　せいじ）

2020年4月14日　初版発行

発行者　矢澤文美
発行所　株式会社　善本社

〒101-0051　東京都千代田区神田神保町2-14-103
☎　03-5213-4837
FAX　03-5213-4838

ISBN978-4-7939-0483—7　C2039